Zhongguo Wenhua
Zhishi Duben

中国文化知识读本

主编 金开诚

编著 张 皓

强盛明君——唐太宗

吉林出版集团有限责任公司

吉林文史出版社

图书在版编目（CIP）数据

强盛明君——唐太宗 / 张皓编著 . 一长春：吉林
出版集团有限责任公司：吉林文史出版社，2010.6（2022.1重印）
（中国文化知识读本）
ISBN 978-7-5463-3341-0

Ⅰ . ①强… Ⅱ . ①张… Ⅲ . ①李世民（599～649）–
传记 Ⅳ . ① K827=421

中国版本图书馆 CIP 数据核字（2010）第 121932 号

强盛明君—唐太宗

QIANGSHENG MINGJUN TANGTAIZONG

主编／ 金开诚 编著／张皓

责任编辑／曹恒 于涉 责任校对／王凤翎

装帧设计／曹恒 摄影／金诚 图片整理／王贝尔

出版发行／吉林文史出版社 吉林出版集团有限责任公司

地址／长春市人民大街4646号 邮编／130021

电话／0431-86037503 传真／0431-86037589

印刷／三河市金兆印刷装订有限公司

版次／2010 年 6 月第 1 版 2022 年 1 月第 5 次印刷

开本／650mm×960mm 1/16

印张／8 字数／30千

书号／ISBN 978-7-5463-3341-0

定价／34.80元

关于《中国文化知识读本》

　　文化是一种社会现象，是人类物质文明和精神文明有机融合的产物；同时又是一种历史现象，是社会的历史沉积。当今世界，随着经济全球化进程的加快，人们也越来越重视本民族的文化。我们只有加强对本民族文化的继承和创新，才能更好地弘扬民族精神，增强民族凝聚力。历史经验告诉我们，任何一个民族要想屹立于世界民族之林，必须具有自尊、自信、自强的民族意识。文化是维系一个民族生存和发展的强大动力。一个民族的存在依赖文化，文化的解体就是一个民族的消亡。

　　随着我国综合国力的日益强大，广大民众对重塑民族自尊心和自豪感的愿望日益迫切。作为民族大家庭中的一员，将源远流长、博大精深的中国文化继承并传播给广大群众，特别是青年一代，是我们出版人义不容辞的责任。

　　《中国文化知识读本》是由吉林出版集团有限责任公司和吉林文史出版社组织国内知名专家学者编写的一套旨在传播中华五千年优秀传统文化，提高全民文化修养的大型知识读本。该书在深入挖掘和整理中华优秀传统文化成果的同时，结合社会发展，注入了时代精神。书中优美生动的文字、简明通俗的语言、图文并茂的形式，把中国文化中的物态文化、制度文化、行为文化、精神文化等知识要点全面展示给读者。点点滴滴的文化知识仿佛繁星，组成了灿烂辉煌的中国文化的天穹。

　　希望本书能为弘扬中华五千年优秀传统文化、增强各民族团结、构建社会主义和谐社会尽一份绵薄之力，也坚信我们的中华民族一定能够早日实现伟大复兴！

目录

一、动荡年代

唐太宗李世民（599—649年），是唐朝第二位皇帝，他是军事家、政治家、书法家。唐太宗在位的二十三年，国泰民安，社会安定，经济繁荣，为后来的开元盛世奠定了重要的基础。

唐太宗是唐高祖李渊与窦皇后的次子。炀帝大业末，李世民随父定居在晋阳（今山西太原西南）。当时农民起义风起云涌，起义军力量日益壮大。李世民遂于大业十三年（617年）在晋阳起兵，接着南攻霍邑（今山西霍县），西渡黄河，攻取长安（今陕西西安）。晋阳起兵之初，李世民被封为敦煌公，右领军都督，统右三军。攻克长安后，李

唐高祖李渊像

强盛明君——唐太宗

002

李渊晋阳起兵雕塑

李世民画像

唐高祖李渊献陵

世民为京兆尹，改封秦国公；义宁二年（618 年）李世民徙封赵国公。同年五月，李渊即位，国号唐，建元武德，是为唐高祖。李渊任命李世民为尚书令。不久，封李世民为秦王，此后，李世民经常出征，逐步消灭各地割据势力。此后，李世民与自己的哥哥太子李建成、四弟齐王李元吉的猜忌日益加深。大臣间互相倾轧，分为两派。626 年，李世民在长安城宫城玄武门发动"玄武门之变"，李建成、李元吉被杀，而后高祖让位，李世民即位为帝，次年改年号为贞观。

唐太宗即位后，居安思危，任用贤良，虚怀纳谏，实行轻徭薄赋、疏缓刑罚的政策，并且进行了一系列政治、军事改革，终于促成了社会安定、生产发展的升平景象，史称贞观之治。

唐太宗李世民于 649 年病死于长

昭陵是唐朝第二代皇帝李世民的陵墓

隋文帝杨坚像

强盛明君——唐太宗

安含风殿。葬于今陕西礼泉县东北五十多里的山峰上的昭陵。谥号为"文皇帝"。

隋文帝开皇十八年（599年），李世民出生在李氏家族的京兆武功（今陕西武功西北）的旧宅中。据说，他父亲李渊给他取名"世民"，是取"济世安民"之意。

开国皇帝唐高祖李渊像

李世民出生于很有名气的陇西士族。曾祖李虎，西魏时官至太尉，北周时为"八柱国"之一，死后追封为唐国公。祖父李昞，北周时袭封唐国公，任安州总管，柱国大将军。父亲李渊在北周时以7岁幼龄袭封唐国公，后来在隋朝做官。李世民的家族又是一个带有浓厚的北方少数民族血统的家族，他的祖母独孤氏、生母窦氏以及他日后所娶的妻子长孙氏，都出于北方少数民族。李世民排行第二，他的长兄李建成、四弟李元吉，跟他后来的人生轨迹都有密切的关系。

少年时代的李世民当然也要读书，但是他更喜爱习武。正如他自己后来所说："少尚威武，不精学习。"

隋炀帝像

　　李世民的青年时代是在社会的大动乱中度过的。大业十一年（615年），隋炀帝巡视北方边塞，被突厥族始毕可汗起兵围困于雁门关（今山西代县），众寡悬殊，形势危急。隋炀帝在重围之中把诏书系于木板之上，投入南流的汾水，命令各地火速募兵救援，17岁的李世民，迈出了青年时期戎马生涯的第一步。李世民前往救援，提出虚张军容，昼引旌旗数十里，夜以钲鼓相应的疑兵计。时值东都及诸郡援兵亦至忻口（今忻县北），迫使突厥始毕可汗解围而去。

　　隋炀帝大业七年（611年），王薄自称"知事郎"，在山东长白山（今山东章邱县境）

发动起义，揭开了声势浩大的隋末农民战争的序幕。而后，农民起义在全国许多地方不断爆发，规模大的跨州连郡，规模小的也占据山泽，经过几年的斗争和分合，逐渐形成了三支主要的力量，这就是：窦建德率领的河北起义军；翟让、李密率领的瓦岗起义军；杜伏威、辅公祏为首的江淮起义军。这三支力量，威胁着隋皇朝的统治。

全国沸腾了，隋皇朝的统治开始动摇了。青年李世民就是在这样一个社会大动乱的年代，走上了历史的

窦建德像

动荡时代

舞台。李世民走上的历史舞台，跟他父亲李渊当时的社会地位、政治抱负有很大的关系。李渊在隋大业十一年（615年）被任命为山西、河东宣抚大使，大业十三年（617年）则出任太原留守。这两三年中，李渊先后镇压了母端儿的起义、柴保昌起义和甄翟儿起义，又击退了突厥的进犯。他的政治影响和军事实力都进一步扩大了。

李渊是一个深谋远虑的人。隋末农民起义爆发后，李渊已经预感到隋朝面临着危机。他一方面向隋

唐长安城古城墙

强盛明君——唐太宗

大唐芙蓉园一景

炀帝密告杨玄感有"反"的意图，一方面他也同个别知己"密论时事"，表示要取隋而代之的政治意图。他是把他能够到太原来做官，看做是夺取天下的大好时机。同时，李渊把镇压农民起义和对突厥采取"用长策以驭之，和亲而使之"作为实现"经邦济时"的两大重要措施。李渊的所作所为激怒了隋炀帝，隋炀帝下诏把李渊抓起来问罪；虽然隋炀帝后来撤回了这个诏书，但是李渊、李世民父子反隋的步伐却由此而加快了。在他们的一次谈话中，李渊以周文王自况，李世民则提出了要学习汉高祖反秦的壮举。

二、晋阳起兵

刘弘基像

　　在酝酿起兵的过程中，李渊一面指示长子李建成在河东"潜结英俊"，一面布置李世民在晋阳"密招豪友"。李建成、李世民根据李渊的指示，都谨慎而积极地聚集人才，组织力量。一直跟在李渊身边的李世民，在这方面颇有建树，如刘文静、刘弘基、长孙顺德等人成为李渊集团的重要人物，就跟李世民有很大的关系。

　　由于李世民交友广泛，又能以礼待人，所以人们对他也都坦诚相见，这对李世民审时度势有很大的帮助，而且也增加了他的言论的分量。他在大业十二年（616 年）曾向父亲李渊分析了当时的政治形势，说："今主上（指隋炀帝）无道，百姓穷困，晋阳城

长孙顺德像

外皆为战场。大人（指李渊）若守小节，下有盗寇，上有严刑，危亡无日。不若顺民心，兴义兵，转祸为福，此天下授之时也。”这些话，对全国的形势，对李渊个人的处境，都分析得很中肯，李渊认为“亦大有道理”，很赞成李世民的看法。

隋大业十二年（617年）二三月间，马邑军人刘武周举兵反隋，杀太守王仁恭，又联络突厥进犯太原。李渊认为起兵的时机到来了。他表面上命令李世民和副留守王威、高君雅率兵讨伐刘武周，

晋阳古城遗址

晋阳古城遗址石碑

在暗中则指示李世民、刘文静、长孙顺德、刘弘基等火速募兵，同时派人去河东召李建成、李元吉来太原会合，

五月甲子这一天，李渊、王威、高君雅照常升堂视事，而李世民则事先已经埋伏了军士。这时，有人出来指控王、高二人勾结突厥谋反，李渊勃然大怒，随即命人把王、高二人抓起来杀了。王、高二人是太原的副留守，实际上是隋炀帝派来监视李渊的。除去王、高二人，是李渊起兵的重要标志。李渊所率领的诸军称为"义兵"，军士称为"义士"。

李世民像

接着，李渊命刘文静出使突厥，请始
毕可汗出兵相助。六月，李建成、李
元吉自河东赶到太原会合，始毕可汗
派人送战马千匹至太原交市。那时，
每天参加"义兵"的有两千人左右，
短短二十天时间，就组成了几万人的
队伍。同月，李渊命令李建成、李世
民率领军队夺取通向关中的第一个障
碍——河西。李建成、李世民治军严
明，只带三天军粮，向河西进发，斩
郡丞高德儒，遂平定河西，回师太原，
往返只用了九天时间。李渊高兴地说:

晋阳古城墙

"你们如此带兵，可以横行天下了！"

为了给大规模进军关中做好准备，李渊设立大将军府，置三军，以李建成领左三军；以李世民领右三军；以李元吉领中军。七月，誓师于太原，发兵三万，向关中进发。八月，李渊军斩杀宋老生，平霍邑，又连下临汾郡和绛郡，大军达到龙门。九月，军围河东到关中的门户。河东守将屈突通坚守不出，李渊军队一时难以攻克。根据李世民迅速夺取关中的建议，李渊命令部分兵力继续围困河东，而命李世民率领刘弘基、

李渊命李世民带领主力渡过黄河，平定渭北地区

长孙顺德等带领主力于九月渡过黄河，平定渭北及三辅地区。十月，军围长安。十一月，攻下长安，李渊立隋朝代王杨侑为天子，改元"义宁"，遵隋炀帝为"太上皇"。这一年，李世民刚满20岁，然而他却已经成为一位很有经验的青年统帅了。

大业十四年（所谓义宁二年，618年）五月，李渊废掉杨侑，即位于长安，改元武德，国号唐。在巩固李唐皇朝的过程中，李世民继续发挥着重要的作用。

李渊父子攻入关中、占据长安，固

薛举故居一景
薛举故居一景

然是重大的胜利，但这还只是他们所面临的漫长争战的序幕。

大业十三年（所谓义宁元年，617年）十二月，金城郡豪富薛举率领十万之众进逼渭水，攻打扶风。这实际上是争夺关中的斗争。李渊命李世民为元帅，领兵进攻薛举军。李世民与薛举战于扶风，斩首万余，乘胜把势力扩大到陇右一带，稳定了关中的局面。次年六月，李世民被封为西讨大元帅；七月，与薛举战于泾州，遭到失败。八月，薛举死，李渊再次命李世民为元帅，讨伐举子仁杲。十一月，李世民率领大军破薛仁杲于浅水原，仁杲率众投降，陇右遂平。

刘武周据守的张壁古堡一景

　　武德二年（619 年）三月，刘武周在突厥支持下南向以争天下，并州首当其冲。担任并州总管的齐王李元吉抵挡不住，终于放弃太原，奔还长安。接着，浍州与晋州失守，关中震恐。这时，李渊提出放弃河东的主张，但遭到秦王李世民的反对。秦王李世民认为，河东富庶之地，是京城的重要依托，不可轻易放弃。他提出，愿意率领精兵平定刘武周，收复失地。李渊采纳了李世民的意见，命李世民挂帅出征。十一月，李世民率领军队自龙门渡河，与宋金刚形成对峙的态势。李世民采取避其锋芒、坚壁不战、待敌涣散、乘机出击的作战方针。果如李世民所料，到了第二年的二月，宋金刚军因久无进取，军粮不济，只得后撤。四月，李世民军于介休城打破宋金刚军，刘武周见大势已去，只好放弃太原，逃奔突厥。至此，关中东北部的局势又平静下来了。

当李唐皇朝忙于应付薛举父子和刘武周的时候，关东形势发生了重要的变化。大业十四年（618 年）五月，隋炀帝被杀的消息传到东都洛阳，洛阳守将遵越王杨侗称帝，改元皇泰。武德二年（619 年）四月，王世充夺取杨侗的政

隋唐洛阳城城墙遗迹

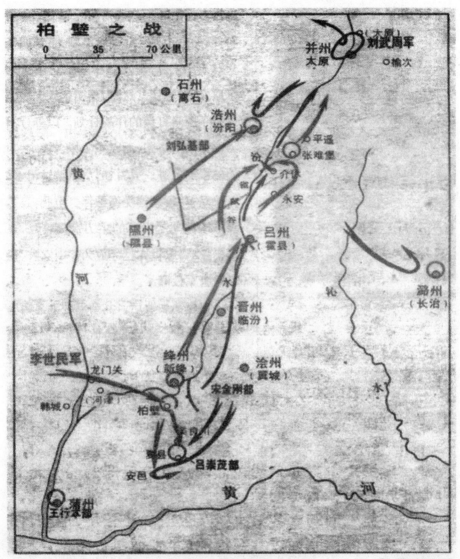

 内の文字:

柏壁之战

0　　35　　70公里

石州
(离石)

浩州
(汾阳)

刘弘基部

黄河

平遥
张难堡

介休

永安

隰州
(隰县)

吕州
(霍县)

潞州
(长治)

晋州
(临汾)

李世民军

绛州
(新绛)

沧州
(贾城)

龙门关

宋金刚部

韩城

(河津)

柏壁

安邑

吕崇茂部

蒲州
王行本部

黄河

并州
太原

(太原)
刘武周军

榆次

柏壁之战示意图

权，改国号郑，成为李唐皇朝向东发展的一
大障碍。武德三年（620年）七月，李世民
奉命率军进击洛阳。王世充频频向河北起义
军领袖窦建德求援。窦建德也担心李渊集团
占据洛阳后形成对河北起义军的威胁，因而

窦建德修建的运兵洞遗址

率十万之众南救洛阳。武德四年（621年）三月，窦建德率军抵达城皋的东原，来势迅猛。这时，秦王李世民果断采纳了围洛打援的作战计划，以部分兵力继续围困洛阳，而以主力抢占虎牢，阻挡窦军的前进。五月初，唐军渡过汜水，打败窦军，窦建德受伤被俘。至此，轰轰烈烈的河北起义军的主力遭到失败，窦军失败后，王世充已经成为瓮中之鳖，只得向唐军投降了。

窦建德失败后，其余部推刘黑闼为首起兵反唐。武德五年（622年）正月，黑闼自称为汉东王，几乎恢复窦建德所有故地。三月，秦王李世民大败刘黑闼，

窦建德被俘示意图

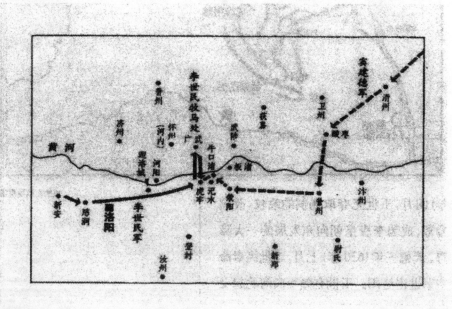

窦建德建都地广府古城一景

刘黑闼率领残部北走突厥。六月，黑闼再次起兵，几个月内，重新恢复故地。十一月，太子李建成率军击溃黑闼军。次年五月，黑闼被杀。

在五年的国内战争中，不论是统治阶级之间的争夺，还是地主阶级同农民阶级的较量，李唐皇朝的胜利，在客观上成为统一战争的胜利。由隋朝的衰落到唐朝的建立和巩固，这是历史转折的年代。在这个历史转折的年代中，李世民奠定了他未来政治生活的基础。

三、玄武门之变

在统一战争不断取得胜利、全国趋于平定、李唐皇朝的统治日渐巩固的情况下，最高统治集团内部开始出现矛盾。这个矛盾的焦点是以太子李建成为一方、秦王李世民为另一方争夺皇位继承权的斗争。太子李建成没有参加晋阳起兵，但在晋阳起兵以后只夺取长安这一段时间，他和李世民一样，发挥了重要的作用。李渊称帝以后，李建成取得了太子——皇位合法继承者的地位，而李世民却在东征西讨、南征北战中屡建功勋，并不断扩大了自己的实力和影响。于是，嫡长子继承皇位的传统，同秦王拥有最高的功能、最强的实力这个现实发生了尖锐的矛盾。

李世民起兵政变之地——玄武门

强盛明君——唐太宗

玄武门兵变成功与否对于李世民来说
是关键之举

　　李建成对李世民有猜忌之心，李
世民对李建成亦有取代之望。武德
五年（622年）起，这种潜在的矛盾
终于发展成为公开的争夺和激烈的较
量。这年十一月，李建成一反常态，
主动向李渊提出要率领军队去镇压刘
黑闼第二次起兵。他之所以要这样做，
是为了提高自己的声望，增加他同秦
王李世民较量的实力。

　　在太子李建成与秦王李世民的矛
盾斗争中，齐王李元吉是站在太子一
边的。他曾明确地建议太子除掉秦王，

并说他将亲自下手。有一次，李世民随同李渊到齐王府，李元吉就打算派人乘机刺杀李世民，可能李建成考虑当着李渊的面不好干这种事，于是制止了李元吉。兄弟之争，居然已经到了如此地步！

武德七年（624 年）六月，庆州总管杨文干发动叛乱，事情涉及到太子李建成。李渊急令李世民率兵讨伐，并向李世民许诺平判之后，立其为太子。但事后，李渊听了李元吉、妃嫔和大臣封德彝的意见，又改变了主意。李渊的这种态度和做法，在客观上只能加剧李建成和李世民之间的矛盾斗争。

武德九年（626 年），太子李建成和

房玄龄像

强盛明君——唐太宗

秦王李世民都在加紧策划消灭对方。有一次，"李建成夜里召见李世民。饮酒而鸩之，李世民暴心痛，吐血数升"，因淮安王李神通扶送秦府而得救。这次谋杀事件，激怒了秦府的属官。长孙无忌、房玄龄、杜如晦都主张秦王李世民采取措施，除去太子李建成。

太子李建成、齐王李元吉在鸩杀秦王李世民未成后，又用计收买和调走秦府的武将，没有达到目的。但是在李渊的支持下却把房玄龄、杜如晦赶出了秦王府。是年，突厥进犯，李建成向李渊建议由李元吉做统帅出征

杜如晦像

玄武门之变

突厥。李元吉又提出调秦王府大将尉迟敬德、程知节、段志玄、秦叔宝同行，并调拨秦王所率精兵归其指挥，借此要把握住秦王的兵马然后趁机除掉李世民。李渊并没有阻止这个阴谋。太子李建成和齐王李元吉密议：准备在李建成、李世民为李元吉饯行时，派壮士刺死李世民。太子手下的一个官员向李世民报告了太子李建成和齐王李元吉的密谋。于是秦王府上下一片哗然，李世民在危急时刻决定背水一战，先发制人。

武德九年（626年）六月三日，李世民向李渊报告了李建成、李元吉的阴谋。李渊答应次日早朝追查此事。鉴于

秦叔宝像

强盛明君——唐太宗

以往李渊对太子李建成的态度和做法，李世民当然不会相信李渊会对李建成采取果断的措施。

武德九年（626年）六月四日，李建成得知李世民告发他的情况后，决定先入皇宫，和李世民对质。在宫城北门玄武门执行禁卫总领常何本是太子亲信，却被李世民策反。六月四日一早，秦王李世民亲自带一百多人埋伏在玄武门内。李建成和李元吉一同入朝，待走到临湖殿，察觉气氛不对，急忙调转马头欲退回东宫，但是已经来不及了。这时，李世民带领伏兵从后面喊杀而来。李元吉情急之下向李世民连射三箭，无一射中。而李世民一箭就射死了李建成，尉迟敬德也射死了李元吉。东宫的部将得到消息前来报仇，和秦王的部队在玄武门外发生激烈的战斗，尉迟敬德将二人的头割下示众，李建成的兵马见大势已去，才不得已散去。之后，尉迟敬德身披铠甲"保护"唐高祖李渊，将事情经过上奏。事态发展到了这一步，李渊也只好接受萧瑀、陈叔达的建议：立秦王李世民为太子，委之以国事。

这就是历史上的"玄武门之变"。在这次事变中，太子李建成诸子与齐王李元吉诸子因受到牵连而被杀。李世民靠着秦王府文臣、武将的权谋和刀剑给自己开辟了通向皇帝宝座的道路。

玄武门

强盛明君——唐太宗

玄武门一景

三天后，李世民被立为皇太子，诏曰："自今军国庶事，无大小悉委太子处决，然后闻奏。"两个月后，诏传位于太子。太子固辞，不许。武德九年六月，太宗即位于东宫显德殿，赦天下；关内及蒲、芮、虞、泰、陕、鼎六州免租调两年。李渊退位，李世民登基。

四、贞观之治

魏征像

贞观之治是指唐朝初期出现的太平盛世。唐太宗任人唯贤，知人善用，开言路，虚心纳谏，重用魏征等人；并以农为本，减轻徭赋，休养生息，厉行节约，完善科举制度，使得社会出现了安宁的局面。当时年号为"贞观"（627—649年），史称"贞观之治"。这是唐朝的第一个盛世，同时为后来的开元盛世奠定了基础。唐太宗李世民在位二十三年，使唐朝经济发展，社会安定，政治清明，人民富裕安康，出现了空前的繁荣。

李世民登上了皇帝的宝座，时年29岁。唐太宗李世民从正式被立为太子到即位的这段时间，主要致力于建立一个忠实于他的、有政治见解的决策班子。因此，他即位前便通过李渊任命了新的决策班子，从而形成了唐太宗统治集团的核心。这个决策班子的统治核心是：秦叔宝为左卫大将军，程知节为右卫大将军，尉迟敬德为右武侯大将军，高士廉为侍中，房玄龄为中书令，萧瑀为右仆射，长孙无忌为吏部尚书，杜如晦为兵部尚书，宇文士及为中书令，封德彝为右仆射，杜淹为御史大夫，颜师古、刘林甫为中书侍郎，张公瑾为右武侯将军，长孙安业为右监门将军，李客师为左右军将军。这些任命都在一个月当中宣布，可见唐太宗对于建立一个新的决策班子的统治核心的重视和迫

长孙无忌像

贞观之治

切程度。

（一）政治改革

唐太宗革新宰相制度，一是在"三省"长官之外，建立以他官代行宰相职权的制度；二是充分发挥宰相班子的作用。"三省"长官是：尚书省的左、右仆射，中书省的中书令，门下省的侍中。三省长官都是宰相，位高权重。唐太宗为了提拔一些品位不及宰相，但却很有才能和政治远见的官员参与朝廷的最高决策，其名目有"参议朝政""参预朝政""同中书门下三品""同中书门下平章事""同知政事"等等。为了充分发挥宰相班子的作用，唐太宗强调说："中书省制订

长孙无忌墓

强盛明君——唐太宗

的诏敕，由门下省进行审议，这本是为了防止过失和错误；应当知道，'难违一官之小情，顿为万人之大弊'，这是'亡国之政'，尤其要注意防止。"这时要求宰相们既要通力合作，又要充分发挥各自的作用。

隋朝时，朝廷官员有两千五百多人。唐高祖李渊时，在机构和官员设置上，"多因隋制，虽小有变革，而大较不异"。唐太宗即位后，看到这样一支庞大的朝廷官员队伍，办事效率并不高，因而感慨地说："人用官员，主要看他是不是贤才；'若得其善者，虽少亦足矣。其不善者，纵多亦奚（何）为'？"他指示房玄龄等人务必要精简机构，做到"并省官员，使得各当所任"。根据唐太宗的指示，房玄龄等人进行了大刀阔斧的改革，对机构进行了调整，最后确定朝廷官员编制为六百四十人。这项改革不仅提高了朝廷官员的办事效率，而且也节省了国家用于官员俸禄方面的大量开支。

为了严肃地方吏治，唐太宗还按照地理形势把全国划成多个"道"：关内、河南、河东、河北、山南、陇右、淮南、

唐太宗即位后做出了重要的政治改革决策

强盛明君——唐太宗

江南、剑南、岭南等道。唐太宗从朝廷要员中委任观风俗使，分行四方，"观风俗之得失，察政刑之苛弊"，考察地方官的政绩，以决定对他们的赏罚和升降。同时，唐太宗还亲自负责选派各州刺史的工作。所有这些，对革新地方官吏治都起了积极的作用。

（二）重视人才，听言纳谏

唐太宗李世民善于用人和纳谏，是他政治上能够取得成功的重要原因。贞观年间，人才济济，绝非偶然。尉迟敬德原是刘武周手下的一员大将，武德三年（620年）他与另一将领寻相率众向秦王李世民

尉迟敬德像

贞观之治

尉迟敬德碑

投降。不久，寻相叛变。李世民手下诸将怀疑尉迟敬德也要作乱，便把他囚禁起来，并劝说秦王李世民立即把他杀掉。李世民却说："尉迟敬德有心叛变的话，难道还会落在寻相之后吗？"他命人释放了尉迟敬德，并安慰他说："大丈夫以意气相许，请你不要把这次小小的误会放在心里，我是绝不会因为旁人的几句闲话而加害良士的。"尉迟敬德对此十分感动，在历次战斗中出生入死，屡建奇功。

此外，唐太宗李世民还十分注重人才的选拔，严格遵循德才兼备的原则。唐太宗认为只有选用大批具有真才实学的人，才能达到天下大治，因此他求贤若渴，曾先后五次

尉迟敬德故里石碑

颁布求贤诏令，并增加科举考试的科目，扩大应试的范围和人数，以便使更多的人才显露出来。由于唐太宗重视人才，贞观年间涌现出了大量的优秀人才，可谓是"人才济济，文武兼备"。正是这些栋梁之才，用他们的聪明才智，为"贞观之治"的出现作出了巨大的贡献。

　　唐太宗从波澜壮阔的农民战争中认识到人民群众力量的伟大，吸取隋朝灭亡的教训，非常重视老百姓的生活。他强调以民为本，常说："民，水也；君，舟也。水能载舟，亦能覆舟。"唐太宗即位之初，下令轻徭薄赋，让老百姓休养生息。唐太宗爱惜民力，从不轻易征

水能载舟，亦能覆舟

贞观之治

发徭役。他患有气疾，不适合居住在潮湿的旧宫殿，但他在隋朝的旧宫殿里住了很久。他还下令合并州县，革除"民少吏多"的弊端，有利于减轻人民负担。

魏征原来是太子李建成的属官，在李建成和李世民矛盾愈演愈烈的时候，曾劝说李建成早下决心除去李世民。玄武门事件后，魏征自然成了阶下囚。李世民质问他说："你为什么要挑拨我们兄弟之间的关系？"在场的人都预感到魏征不会有善终。然而魏征却从容自若，他回答李世民说："如果太子早听我的话，肯定不会落到今天这样的下场。"李世民向来看中魏征的才干，又十分欣赏他的这种正直，立刻改变了态度，以礼相待，并推荐他出任谏议大夫。贞观三年(629年)，又命魏征"参预朝政"，

魏征塑像

贞观七年（633年），令其出任侍中，这都是宰相职位。魏征成为贞观名臣，跟唐太宗的豁达大度、知人善任是分不开的。

房玄龄"善谋"，杜如晦"能断"，唐太宗以他们二人分任左、右仆射。"二人深相得，同心徇国"，辅助唐太宗造就了贞观盛世。后人谈到唐代贤相，无不首推房玄龄、杜如晦。

唐太宗的善于用人，跟他善于纳谏相表里。从贞观初年起，他就反复地同大臣们探讨有关进谏和纳谏的问题。他指出："君臣相遇，有同鱼水，

唐代贤相"房谋杜断"

杜如晦

房玄龄

《十八学士酗》（局部）

则海内可安。"因而希望大臣们"直言鲠议，致天下太平"。除了一般的号召以外，唐太宗还在一些具体做法上鼓励大臣们进谏。当大臣奏事时，他总是和颜悦色地倾听着，希望奏事者大胆提出批评和建议。当他和宰相们商讨国事时，允许谏官旁听，充分发挥谏官的作用。而他对进谏者通常都要给予奖励。

在唐太宗种种"求谏"的言论和行动的鼓励下，贞观一朝君臣都有一种进谏、纳谏的政治家风度。武德九年（626年），唐太宗即位不久，命人点兵。按照唐代的制度，点兵应在年满21岁的丁壮中进行。可是丰德彝竟提出：男子18岁以上、身体高大壮实者，亦在应征之列。唐太宗同意这种做法。但是诏敕下达了三四次，魏征坚持认为这种做法不妥，不肯签发诏敕。唐太宗盛怒之下召见魏征，指责他为什么如此固执。魏征回答说："您经常说要以诚信统治天下，可是自您即位以来，短短几个月，已经几次失信于民了，这难道能说是以诚信统治天下吗？"唐太宗听了这一席话，很高兴地说："过去我总以为你很固执，不懂得政事。今天听你分析国家大事，都很中肯。如果号令不信，民不知所从，天下何由而治呢！看来是我看错了。"于是，点兵仍然限

《十八学士图》（局部）

贞观之治
051

《十八学士图》（局部）

制在年满 21 岁的丁壮，魏征也因为敢于直谏而得到了唐太宗奖赏的金瓮一只。

贞观四年（630 年），唐太宗下诏征发劳力修复洛阳隋代乾元殿旧址，以备巡幸、享乐之用。大臣张玄素上书反对。他在上书中，从当时的政治、经济状况出发，认为修复乾元殿有"五不可"。最后指出，如果这样做，"恐甚于（隋）炀帝远矣"。唐太宗很不自在，他召见张玄素问道："你认为我这样做还不如隋炀帝，那我比起夏桀、商纣又怎样呢？"张玄素回答道："如果您一定要修复乾元殿，那我看就是同归于乱。"唐

《十八学士图》（局部）

太宗见张玄素把这件事情看得十分严重，感慨地说："我没有认真考虑，以致做出这种错误的决定。"于是，他一面指示停止修复乾元殿的工程，一面表彰张玄素的这种直谏精神，说："众人之唯唯，不如一士之谔谔。"

贞观之初，在唐太宗的带领下，全国上下一心，经济很快得到了好转。到了贞观八九年，牛马遍野，百姓丰衣足食，夜不闭户，道不拾遗，出现了一派欣欣向荣的升平景象。太宗在位二十多年，进谏的官员不下三十人，其中大臣魏征一人所谏

贞观之治

前后二百余事，数十万言，皆切中时弊，对改进朝政很有帮助。

（三）注重法治

唐太宗十分注重法治，他曾说："国家法律不是帝王一家之法，是天下都要共同遵守的法律，因此一切都要以法为准。"法律制定出来以后，唐太宗以身作则，带头守法，维护法律的公正和稳定。在贞观时期，真正地做到了王子犯法与民同罪。执法时铁面无私，但量刑时太宗又反复思考，慎之又慎。他说："人死了不能再活，执法务必宽大。"由于太宗的苦心经营，贞观年间法制情况很好，犯法的人少了，被判死刑的更

贞观之治群雕

强盛明君——唐太宗

《步辇图》中的唐太宗

少。据载贞观四年，全国判死刑的只
有二十九人，几乎达到了封建社会法
制的最高标准——"刑措"即可以不
用刑罚。

（四）发展生产

唐朝建立的时候，社会经济十分
困难，直到唐太宗即位时，这种困难
的局面也没有多大的变化。那时，全
国许多地方生产力没有得到恢复，有
的地方还是"茫茫千里，人烟断绝，
鸡犬不闻，道路萧条"的残破景象。

贞观十骥

全国人口也大量减少，隋炀帝大业五年（609年），全国户数近九百万，人口四千六百余万；可是到了武德年间，全国户数只剩下二百余万了，劳动人手比隋朝大大减少了。

为了改变这种状况，唐太宗要求大臣们在认识上和政策上要执行"安人（民）宁国""不夺农时"的方针。贞观二年（628年），他向侍臣指出："做任何事情都要抓住根本。国家以人民为本，人民以衣食为本，而生产衣食又以不失时为本。"他强调要减少战争和土木营建工程，并表示要从他本人做起。同时，他制定了鼓励增殖人口的政策，并以民间是否"婚姻及时"，户口是否增多，作为考核地方官政绩的一个标准。另外，他认真地检查均田制（封建国家向农民授田的一种形式）实行的情况，进一步促进了劳动力和土地的结合，同时也鼓励地方官员开办屯田。在赋役政策上，他接受了隋朝灭亡的教训，提出对农民要"轻徭薄赋"，地方官吏如果超出规定向农民征税，要以"枉法"论处。

这些恢复和发展生产的措施，产生

贞观宝钱

了良好的社会效果。据说，贞观四年（630年），一年中全国只有二十九人被判处死刑，刑罚用得很少；人们居家用不着关大门，出远门的人用不着随身带着粮食。这当然有点夸张，但也反映出社会秩序在趋于安定，到了贞观十六年（642年），在全国不少地区，买一斗谷子只要五个钱，在更富庶的地方，一斗谷子才值三个钱，说明当时全国粮食是比较充足的。唐太宗死后第三年，即唐高宗永徽三年（652年），全国户数已上升为三百八十万，比唐太宗刚即位时增加了将近百分之九十。所有这些，当然首先要归功于劳动人民，但同唐太宗发展生产的措施和政策也是分不开的。

五、盛世景象

贞观之治群雕

（一）社会秩序空前安定

　　贞观王朝的社会秩序好得令人难以置信，贞观四年（630年）全国判处死刑的囚犯只有二十九人。贞观六年（632年），死刑犯增至二百九十人。这一年的岁末，李世民准许他们回家办理后事，明年秋天再问斩（古时秋天行刑）。次年九月，二百九十个囚犯全部回还，无一逃亡。那时的中国政治修明，官吏各司其职，人民安居乐业，不公平的现象少之又少，国人心中没有多少怨气。丰衣足食的人不会为生存铤而走险；心气平和的人也不易走极

松赞干布与文成公主塑像

端，因此犯罪的概率也就小了很多。

史书记载：贞观年间"官吏多自清谨。制
驭王公、妃主之家，大姓豪猾之伍，皆畏威屏
迹，无敢侵欺细人。商旅野次，无复盗贼，囹
圄常空，马牛布野，外户不闭。又频致丰稔，
米斗三四钱，行旅自京师至于岭表，自山东至
于沧海，皆不粮，取给于路。入山东村落，行
客经过者，必厚加供待，或发时有赠遗。此皆
古昔未有也"。

（二）开放的国界

唐帝国是当时世界最为文明强盛的国家，
都城长安是世界性的大都会，就像今天的美国

盛世景象

唐代大执壶

强盛明君——唐太宗

纽约一样。那时的唐帝国是世界各国仁人志士心目中的"阳光地带"，各国的杰才俊士冒着生命危险也要往唐帝国跑。来自世界各国的外交使节，在看到唐帝国的高度繁荣和文明之后，才发现自己的国家和没有开化的"原始森林"差不多，于是就不想回国，千方百计地要留下。

唐三彩

不仅长安，全国各地都有来自国外的"侨民"在当地定居，尤其是新兴的商业城市，仅广州一城的西洋侨民就有二十万人以上。贞观王朝是中国历史上少有的开放王朝，外国人入境和中国人出境并没有太严格的限制，既不担心中国人出去后忘本忘祖，也不担心外国人进来后喧宾夺主。仅这一点就说明贞观王朝的高度自信，深信自己的国家是世界上最文明富强的土地，不担心外来文化把自己淹没。贞观王朝的国民素质是如此之高，对外国侨民既不歧视也不逢迎，既不盲目排外也不"拿来主义"，有着不卑不亢的大国民气度和王者风范。外国人在中国就像中国人在自己家里一样，享有和中国人一样的公民权利，不但可以发财致富，还可以从政当官。来自阿拉伯和日本的侨民就有不少在中国担任官职的，有的还担任部长级高级官员。

唐帝国除了接受大批的外国移民外，还接收一批又一批的外国留学生来中国学习先进文化，仅日本的官派的公费留学生就接收了七批，每批都有几百人。民间自费留学生则远远超过此数。这些日本留学生学成归国后，在日本进行了第一次现代化运动——"大化改新"，也就是中国化运动，上至典章制度，下至服饰风俗，全部仿效当时的贞观王朝。

（三）唯一没有贪污的王朝

中国官场的贪污病菌是无孔不入的，以至占绝大多数的国人都认定贪污是人类社会的不治之症，只要是有"官"的地方就避免

唐代仕女俑

强盛明君——唐太宗

《大唐盛世图》（局部）

不了贪污。当从英美等国归来的留学生向他
们的亲朋好友陈述这些国家基本上消灭了贪
污时，听者大都认为他是在胡说八道。其实，
贪污并不是人类社会的普遍现象，地球上就
有不少文明程度较高的国家基本上消灭了贪
污。

　　这里所说的基本上消灭了贪污并不是说
完全杜绝了贪污现象，而是指贪污行为在整
个官场中属极个别的现象，且贪污的数额不
大（一年的贪污额一般不会超过此人一年的
薪水），持续的时间也不会很长（连续作案
三年以上的少之又少），都会很快败露且受

盛世景象
065

唐太宗贞观二十三年大事年表碑刻

到严惩。

贞观王朝是中国历史上唯一没有贪污的王朝，这也许是李世民最值得称道的政绩。在李世民统治下的中国，皇帝率先垂范，官员一心为公，吏佐各安本分，滥用职权和贪污渎职的现象降到了历史上的最低点。尤为可贵的是：李世民并没有用残酷的刑罚来惩治贪污，主要是以身示范和制定一套尽可能科学的政治体制来预防贪污。在一个精明自律的统治者面前，官吏几乎没有贪污的动机，贪官污吏也不容易找到藏身之地。明王朝的朱元璋对贪污的处罚最为严

酷，贪官一律处以剥皮的酷刑，可明王朝
的贪官之多在历史上仍属罕见。可见防范
贪污主要取决于一套科学修明的政治体制，
光靠事后的打击只能取效于一时，不能从
根本上铲除贪污赖以滋生的社会土壤。

费观之治群雕夜景

（四）分权制度的初步尝试

中国封建体制的主要特征是权力高度
集中，地方服从中央，中央又唯皇帝马首
是瞻。这种高度集权的政治体制极大地限
制了国民的创造性、主动性和灵活性，且
极易酿成暴政。

中国封建社会的中央政府组织实行"三
省六部制"，但贞观王朝的三省职权划分

盛世景象

则初步体现了现代化政治特征——分权原则。中书省发布命令，门下省审查命令，尚书省执行命令。一个政令的形成，先由诸宰相在设于中书省的政事堂举行会议，形成决议后报皇帝批准，再由中书省以皇帝名义发布诏书。诏书发布之前，必须送门下省审查，门下省认为不合适的，可以拒绝"副署"。诏书缺少副署，依法不能颁布。只有门下省"副署"后的诏书才能成为国家正式法令，交由尚书省执行。这种政治运作方式有点类似现代民主国家的"三权分立"制，西方在17世纪兴起的分权学说，李世民早在一千多年前就已运用于中国的政治体制，进一步说明了贞观王朝的文明程度是何等之高。最为难能可贵

唐太宗昭陵一景

强盛明君——唐太宗

以山为陵的昭陵

的是，李世民规定自己的诏书也必须由门下省
"副署"后才能生效，从而有效地防止了他在
心血来潮和心情不好时做出有损他清誉的不慎
重的决定。中国历史上共有八百五十三个帝王，
只有李世民一人拥有如此杰出的智慧和胸襟。

（五）高度发达的商业

中国封建王朝的经济特征是"重农抑商"，
商业在国民经济中所占的比重相当低，商人的
地位也因之比种田人要低好几个等次。这也是
中国的封建经济一直得不到实质性发展的主要
原因。

贞观王朝是唯一不歧视商业的封建王朝，

不但不歧视，还给商业发展提供了许多便利条件，这进一步体现了李世民的高瞻远瞩。在李世民的倡导下，贞观王朝的商业经济有了迅速和长足的进展，新兴的商业城市像雨后春笋般兴起。当时世界出名的商业城市，有一半以上集中在中国。除了沿海的交州、广州、明州、福州外，还有内陆的洪州（江西南昌）、扬州、益州（成都）和西北的沙州（甘肃敦煌）、凉州（甘肃武威）。都城长安和陪都洛阳则是世界性的大都会。

举世文明的"丝绸之路"是联系东西方物质文明的纽带，可这条商业通道在唐帝国时才达到其最高使用价值。唐

丝绸之路雕塑

强盛明君——唐太宗

丝绸之路的见证——唐代驼铃

四个军事重镇（安西四镇），西部
边界直达中亚的石国（今属哈萨克斯
坦），为东西方来往的商旅提供了安
定的社会秩序和有效的安全保障，结
果丝绸之路上的商旅络绎不绝，品种
繁多的大宗货物在东西方世界往来传
递，使丝绸之路成了整个世界的黄金
走廊。

六、天可汗之路

唐朝是中国历史上一个最意气风发的时代，边疆战争之频繁和战胜次数之多，在中国古代史上非常罕见。所以只有唐朝才能诞生专门的边塞诗派，诞生像"年年战骨埋荒外"这样的诗句。而至于"汉家旌帜满阴山，不遣胡儿匹马还，愿得此生长报国，何须生入玉门关？""大漠风尘日色昏，红旗半卷出辕门。前军夜战洮河北，已报生擒吐谷浑""青海长云暗雪山，孤城遥望玉门关。黄沙百战穿金甲，不破楼兰终不还""葡萄美酒夜光杯，欲饮琵琶马上催。醉卧沙场君莫笑，古来征战几人回？"这种豪言壮语，则由于后世朝代偃武修文的风气，甚至成为了古代史上中

丝绸之路遗址

强盛明君——唐太宗

国人尚武精神的绝响。尤其是贞观年间，大唐帝国四面出击，金戈铁马，气吞万里如虎。

（一）全面扩张，四面出击

贞观年间是唐朝拓边最猛烈的时期，也是获胜最多的时期。贞观年间，唐朝依次取得了对东突厥、吐蕃、吐谷浑、高昌、焉耆、西突厥、薛延陀、高句丽、龟兹甚至可能还包括印度用兵的胜利。这些胜利奠定了大唐王朝三百年的基业。颉利可汗恐怕是有史以来第一个被中国军队活捉的草原帝国最高统治者。唐军出击定襄，痛

日月山是文成公主入藏经过的地方

松赞干布墓

强盛明君——唐太宗

歼突厥，活捉颉利可汗，也是唐朝历史上拓边战争中最辉煌的胜利。颉利可汗被抓到长安。突厥是唐朝最大的边患，作为同时存在的两个超级大国之一遭到毁灭，建立单极世界就变得容易多了。唐朝的另一个著名将领侯君集奉命带兵修理骄横的吐蕃人。侯君集通过夜袭击败了吐蕃军，斩首千余。吐蕃军退兵后，松赞干布做了颉利可汗也做过的事：派使者谢罪求和。但是他没有放弃和亲的请求。可能是被他的执著感动，七年后他的要求终于得到了满足。贞观十五年（641年），文成公主入藏。唐军再次远征，途中缺水，就刺马饮血，终于袭破伏允的牙帐，伏允丢

高昌古城

下老婆孩子溜之大吉，不久在沙漠中被部下所杀。吐谷浑从此被纳入唐朝的势力范围。贞观十三年，高昌国失臣礼。高昌王麴文泰看到唐兵来得那么快，吓得大病一场，感到忽冷忽热，几天后竟然一命呜呼，由此作为第一个被唐军活活吓死的人而载入史册。

（二）征战高句丽

高句丽虽然向新成立的唐朝朝贡，但实际上却对唐朝怀有敌视态度。到后来唐朝第二代皇帝唐太宗李世民的时候，为援助处于高句丽和百济围困中的新罗，并统一被高句丽据有的辽东地区（当时的"辽东"的概念略同于汉朝四郡的范围，即中国东北辽河以东地区以及朝鲜半岛的北部）。唐太宗征讨高句丽，放话给薛延陀：我们父子都

高句丽豪华墓

高句丽王城

天可汗之路

高句丽将军坟

要去打高句丽，长安空虚，你要是想犯贱只管放马过来！听了唐太宗这一番生猛的话语，薛延陀当时就被吓得气短了一截（《旧唐书》载后来高句丽用厚利诱惑薛延陀叛唐，但是"夷男气慑不敢动"）。

贞观十九年（645年），唐军向辽东进军。唐太宗在路上对手下人说："四方基本安定了，就剩下这一块地方了，趁着我还没死，良将们还有精力，一定要解决掉。"

徐世绩暗度陈仓，突然出现在辽东城下，高句丽士兵大骇。营州都督张俭和优秀将领李道宗也率兵进入辽东，击败高句丽兵，斩首数千。四月，唐军攻破高句丽盖牟城，俘虏两万多人，缴获粮食十多万石。五月，另一路唐军从山东渡海攻破高句丽卑沙城，俘虏八千人。上百年来中国军队第一次得以在鸭绿江边阅兵。

不久，李绩和李道宗所部进逼辽东城下。高句丽军数万来援。有人建议说，高句丽军多唐军少，应该坚守。可是李道宗说："高句丽人仗着人多以为我们不敢拿他们怎么样，我们就是要攻击他们，杀杀他们的锐气。"李绩说："我们被派来就是负责替皇上扫清道路的。现在路不干净，我们怎么能躲呢？"于

防御薛延陀汗国图

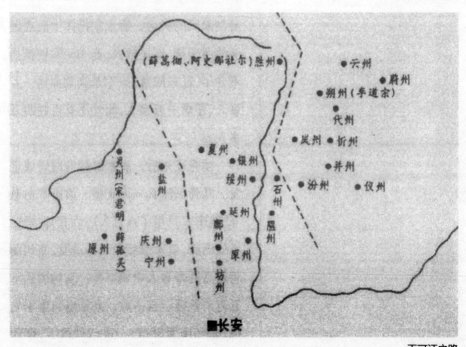

天可汗之路

白岩城遗址风光

是唐军处于劣势却猛烈出击，高句丽兵始料不及，被冲乱阵型大败而归。唐太宗大军到后，把辽东围得水泄不通，日夜攻打。乘着刮南风的机会，唐太宗指挥士兵点燃城池西南楼，顺风放火。高句丽军便抵挡不住了，辽东陷落。唐军杀高句丽兵一万多人，俘虏一万多人，此外还有百姓四万多人。

攻克辽东后，唐军继续向白岩城进发。乌骨城派兵一万支援，被唐军击退（此战唐军只用了八百人）。六月，白岩城不战而降。唐军继续向安市进发。高句丽将领高延寿等人率领靺鞨、高句丽兵十五万来救援，被击败。高延寿向唐军乞降，来到唐军军营，一

白岩城遗址风光

进门就跪下，挪动膝盖前行，拜伏在地请命。唐太宗对他们说："东夷少年，跳梁海曲，自今复敢与天子战乎？"高延寿等人"皆伏地不能对"。唐太宗将降军中的高句丽军官、酋长三千余人虏往中原，其余高句丽人悉数释放。

安市城小而坚，在城主杨万春的抵抗下，唐军围攻数月不克。长孙无忌以为："天子亲征，异于诸将，不可乘危徼幸。今建安、新城之虏，众犹十万，若向乌骨，皆蹑吾后，不如先破安市，取建安，然后长驱而进，此万全之策也。"而这

乌骨城遗址

天可汗之路

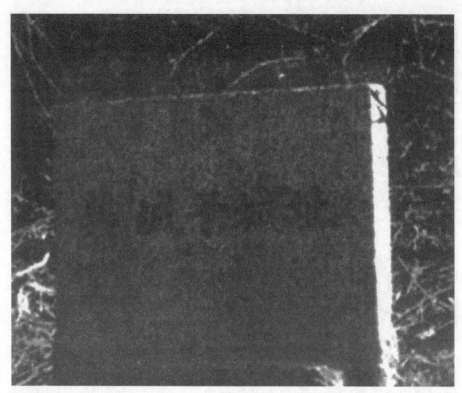

英城子是唐朝时期的安市城

种方式过去一直是唐军克敌制胜的法宝。最终唐太宗决定暂时停止这次出征。九月，唐军班师。这次征伐高句丽，攻克玄菟、横山、盖牟、磨米、辽东、白岩、卑沙、麦谷、银山、后黄十城，迁徙辽、盖、岩三州户口入中国七万人。新城、建安、驻跸三大战，斩首四万余级。唐军方面，战士阵亡的约两千人，损失最大的是战马，损失了七八成。

此战虽重创高句丽，但是战事

旷日持久，耗费巨大，最终却未能灭亡高句丽。因此，唐太宗认为这一战战败了，痛心地说："如果魏征还活着，肯定不会让我进行这次远征。"但这一战的意义还是比较重大的，收复了今天辽宁一带很多南北朝时期被高句丽夺取的土地。

贞观二十二年（648年），倒是有个印度的小插曲。王玄策作为唐朝的使者去印度。中天竺大臣那伏帝阿罗那顺篡位，劫持唐使。王玄策只身逃到吐蕃，借来吐蕃军和尼泊尔军向印度进发。连战三天，印度军大败。

高句丽历史遗迹

天可汗之路

唐军斩首三千余级，水中淹死印度兵约万人。阿罗那顺弃城逃跑，副使蒋师仁追上并俘虏之。此外俘男女一万二千人，牛马三万余匹。

（三）与吐蕃和亲

吐蕃人生活在青藏高原一带，从事农业和畜牧业。7世纪初，松赞干布即位，统一了西藏高原，并创制文字、建立官制、制定法律，定都逻些（今拉萨），吐蕃逐渐强大。当时唐朝经济繁荣、文化发达，周围各少数民族纷纷遣使来唐，称臣纳贡，并以与唐宗室联姻为荣。唐太宗为了社会稳定，各族友好，也大力推行和亲政策，他把自己的妹妹衡阳公

弘化公主像

强盛明君——唐太宗

吐谷浑王城

弘化公主墓

天可汗之路

主嫁到突厥，又把弘化公主嫁给吐谷浑可汗，从而建立了唐朝与突厥、吐谷浑之间的友好关系。

贞观八年（634年），吐蕃也派使者来唐朝，这是汉藏两族政治交往的开端。松赞干布羡慕唐朝的礼乐文化，又闻听突厥、吐谷浑都娶了唐公主为妻，于是在贞观十二年遣使携带珍宝向唐朝求婚。太宗没有应允，吐蕃使者谎称是吐谷浑从中挑拨，婚事才没成。松赞干布便发兵攻吐谷浑，然后派使者入唐献贡，扬言婚事不成就率兵攻唐，随后便挥兵进攻，太宗马上派兵反击。松赞干布见唐军来势凶猛，便引兵撤退，并派使者到长安谢罪，再次恳

《步辇图》描绘的是唐太宗坐在步辇上会见吐蕃赞普求婚使者的情形

强盛明君——唐太宗

请迎娶唐公主，太宗这才应允。

640 年，松赞干布派宰相禄东赞来唐，进献黄金五千两及珍玩数百为聘礼，太宗决定将文成公主嫁给松赞干布。641 年，文成公主在礼部尚书江夏王李道宗的护送下离开长安，前往吐蕃。松赞干布亲自到伯海迎接公主，并特为文成公主筑布达拉宫，以夸示后代。

文成公主入藏时，带去大量的书籍、手工艺品、耕种用具、蔬菜种子等，陪同她入藏的还有二十五名侍女和众多的工匠厨役。文成公主教吐蕃人平整土地、开挖畦沟等耕种方法和防止水土流失、种植蔬菜等技术。后来她又要求唐朝送来酿酒、

唐朝绘画艺术传到了吐蕃

天可汗之路

091

文成公主入藏图

造纸、冶金、纺织等方面的工匠，帮助吐蕃人掌握生产技术，发展农业和手工业。吐蕃参考唐朝历法，创制了吐蕃历法。为进一步学习汉文化礼仪，吐蕃派遣贵族子弟到唐朝学习，并请唐文人为吐蕃掌管表疏。从此唐和吐蕃结成友好关系，赞普称唐皇帝为舅，自称外甥。自此以后，吐蕃赞普死后须向唐朝告哀，新立赞普也须经唐朝册封才合法。

唐太宗作为一个英明的封建君主，不在于他顺利地指挥了上述地区的军队，而在于他在用兵之后所采取的措施

文成公主入藏图

文成公主纪念馆

天可汗之路

和政策：第一，他在许多少数民族地区建立了州县制度，同时仍以当地少数民族的首领和上层统治分子为各级官员。第二，他允许少数民族人民迁入内地生活，如突厥族内迁的就有十万人口，而在长安定居的竟有万家，可见唐太宗气度之大。第三，唐太宗还任用许多少数民族人士在朝中做官，如长孙无忌、尉迟敬德、房玄龄均出身于少数民族，也都是唐太宗核心集团的成员；颉利可汗被俘虏后，唐太宗任命他为右卫大将军；而迁居长安的突厥族各级首领多被拜为将军，布列朝廷。其中五品以上的高级官员达到一百多人，几乎同原来朝廷大臣的人数相等。这种情况，在历代以汉族为主的封建统治集团中是极少

唐太宗百字箴言

唐太宗百字箴言耕夫役役无隔日宿之粮织女波波少之御寒之衣食三餐当思农夫之苦念织女之劳寸丝千命匙饭百鞭功受禄之寝食不安交有德之友绝无益之朋财戒无名之酒常

见的。第四，唐太宗十分重视同各少数民族上
层统治者的和亲，多次将宗室之女嫁给各族首
领，以建立一种亲戚关系，这对加强各族间的
联系，促进各族间的融合起了积极的作用。

从当时的历史条件来看，唐太宗的民族政
策确实收到了很好的社会效果。贞观四年（630
年）四月，西北各族首领请求唐太宗允许他们
为他上"天可汗"的尊号。唐太宗召见他们，
高兴地说："我是大唐天子，同时又行使可汗
的权力！"群臣和各族首领听了，都兴奋地高
呼"万岁"。后来，唐太宗果然以"天可汗"
的印玺向西北各族下达诏书。贞观七年（633年）
十二月，太上皇李渊与唐太宗置酒欢宴群臣。

天可汗之路
095

席间，李渊命突厥颉利可汗起舞，又命南方蛮族领袖冯智戴咏诗，气氛十分热烈。看到这种不寻常的场面，李渊兴奋极了，笑着对大家说："胡越一家，自古未有也！"

贞观二十一年（647年）五月，一天，唐太宗在翠微殿会见群臣，他向大臣提出一个问题："自古以来，有不少帝王虽然能平定汉族地区，但都不能制伏周边少数民族，我的才能不及古人，却做到了他们不曾做到的事情，这是什么原因呢？"臣下的回答多空洞无物，言不及义。最后还是唐太宗自己总结了五条经验，他讲的最后一条经验是："以往帝王都只看重汉族

唐太宗玉玺

强盛明君——唐太宗

远眺昭陵

而鄙视少数民族，唯独我能够像爱护汉族一样地爱护少数民族。"他的这一番话，过分夸大了他在这方面的业绩。然而，他在处理同少数民族关系上的成就，的确是前无古人的。在他统治的时期，中国发展成为一个空前辽阔的多民族国家。

七、晚年的骄奢和反省

历史上任何伟大人物的一生中，都有其最光辉灿烂的一段年华，唐太宗一生中最光辉灿烂的年华，就是从晋阳起兵到贞观前期的二十年时间，即李世民 20 岁到 39 岁的这段时间。但是，随着客观形势的变化，主要是社会经济的恢复、发展和唐朝政治统治的日益巩固，唐太宗贞观前期政治生活中光明的一面开始收缩，而原来就存在的阴暗面却逐步扩大，造成了贞观后期和贞观前期在政治风气上的差别以及唐太宗本人晚年的骄奢。

这个变化，大致是从贞观十年（636 年）开始的。而这个变化最明显的标志，就是

唐太宗昭陵九嵕山

唐太宗昭陵一景

唐太宗昭陵石碑

万年的骄奢和反省

唐太宗纳谏精神的衰退。贞观十年，魏征在一次上书中向唐太宗尖锐地指出：说他在贞观初年是"闻善惊叹"；到贞观八九年间，还能"悦以从谏"；可是从那以后，就变得"渐恶直言"了，虽然有时也能勉强纳谏，但已不像从前那样豁达、痛快了。这样一来，正直的臣子会有所顾忌，而心术不正之徒反倒可以"肆其巧辩"。结论是："妨政损德，其在此乎！"魏征的眼光是极其敏锐的，他从唐太宗纳谏精神的变化，已看出贞观政治的变化。

唐太宗贞观后期的"骄"，还表现在盲目自信的作风日益严重。贞观十八

唐太宗昭陵远景

强盛明君——唐太宗

年（644年），唐太宗准备对高句丽用兵，听说有一个人曾经跟随隋炀帝出征高句丽，就召见他询问有关情况。这个人如实地说："辽东道路遥远，运粮很困难；高句丽将士善于守城，不易立即攻下。"这都是实情。但是唐太宗却不以为然地说："现在已经不是隋朝了，您只管听胜利的消息吧。"第二年，唐太宗亲征高句丽，虽然取得了一些胜利，但付出的代价却极大，与他出兵前的设想有很大距离。

唐太宗贞观后期的"奢"表现在各个不同的方面。一是"游猎太频"。当大臣们纷纷提出批评时，唐太宗甚至反唇相讥，说："现在天下无事，武备不可疏忽，我只是常与左

唐太宗昭陵壁画

李承乾墓碑

右的猎人于后苑，没有一件事烦扰百姓，这有什么关系呢？"其实，唐太宗"游猎"的地方有很多，并不只限于"后苑"。更糟糕的是，上行下效，太子李承乾就因喜好"游猎"而"废学"，唐太宗的另一个儿子吴王李恪也在安州"数出游猎，颇损居人"。二是不惜国库。贞观十六年（642年）六月，唐太宗竟然下了一道诏书，说自今以后，太子所用库物，有关部门不要加以限制，于是"太子发取无度"，太子属官张玄素上书反对这种做法，几乎被太子家奴秘密打死。三是不断营建宫殿。贞观四年（630年），唐太宗接受了张玄素的直谏，停修洛阳宫。贞观八

年（634年），营建大明宫，原准备为李渊避暑时居住，但李渊没有来得及住上就于第二年死去了。贞观十一年（637年），唐太宗又在洛阳兴建飞山宫。贞观二十一年（647年），修翠微宫。贞观二十二年（648年），即唐太宗去世的前一年，他还营建了玉华宫，说是"务令俭约"，结果仍然"所费已巨亿计"。这些都是劳民伤财的举动。

唐太宗贞观后期的"轻用人力"，还表现在"东征高句丽、西讨龟兹"，特别是贞观十九年（645年）对高句丽的战争，动用大量的人力和物力。结果，唐太

李承乾墓出土文物

万年的骄奢和反省

李承乾墓出土的人物俑

宗"以不能成功，深悔之，叹曰：'魏征若在，不使我有是行也！'"但事隔不久，贞观二十一年（647年）三月，又发兵万余人，乘楼船自莱州出发征讨高句丽。这年秋天，唐太宗下诏，发江南十二州工人造大船数百艘，以备征高句丽之用。第二年正月，再发兵三万余人及楼船战舰，自莱州泛海以击高句丽。同年八月，他下诏敕，要越州都督府及婺、洪等州造海船及双舫一千一百艘。九月，雅、眉等州少数民族人民不堪造船之苦，起来造反。唐太宗遣军镇压。有的地方，百姓苦造船之役，只好自己出钱雇别州之人造船，因而弄到"卖田宅，鬻子女，不能供"的地步！像这样"轻用人力"，在贞观前期是不曾出现的。

40岁以后的唐太宗，不论在政治作风、思想作风方面，还是在健康状况方面，都走上了衰退的历程。这对于如此杰出的一位封建君主来说，当然也就于英武、豪迈之中染上了几分悲剧的色彩。

唐太宗在贞观后期的种种变化，虽说是一种发展趋势上的变化，但是这种

李承乾墓出土的陶俑

万年的骄奢和反省

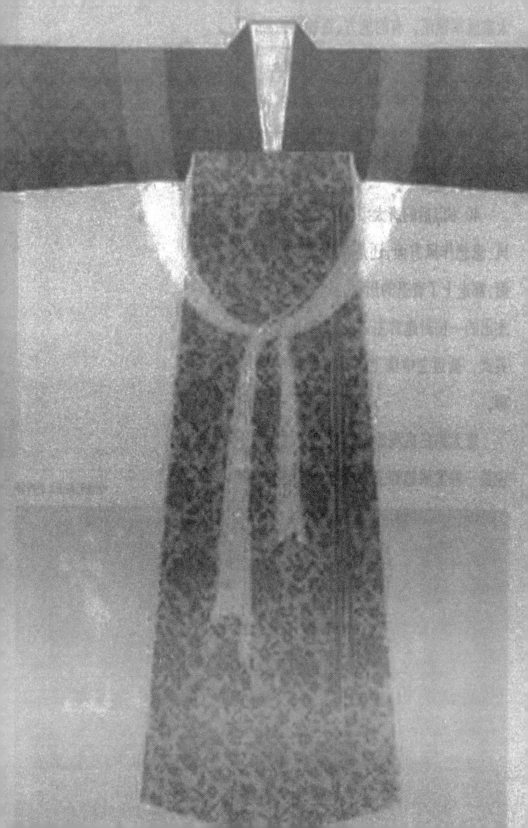

变化没有使唐太宗成为一个昏君或暴君。社会是复杂的，一个杰出的历史人物所处的位置，往往是这种复杂关系的焦点。社会经济的好转，地主阶级的贪婪和享乐欲望，君临天下、唯我独尊的帝王生活，一部分朝臣的歌功颂德、阿谀逢迎等等，都是唐太宗必然发生变化的原因。但是，由于他个人的经历、品质和最高统治集团的人员构成，特别是由于隋朝灭亡的教训在当时最高统治集团中影响深远，这使得唐太宗的种种变化仍会受到某种程度的约束。

唐太宗塑像

贞观十年（636年），唐太宗问群臣："创业困难，还是守成困难？"房玄龄认为创业困难，魏征回答说是守成困难。唐太宗概括地说："创业之难，已经过去了；守成之难，我当想着与诸公一道谨慎地对待它。"贞观十四年（640年），唐太宗对侍臣说："我虽然平定天下，但守天下是一件很难的事情啊！"魏征听了很高兴，认为这是"宗庙社稷之福"。

贞观后期的唐太宗并没有变成刚愎自用的拒谏者；纳谏精神虽不如贞观前期，但还是在纳谏。贞观十三年（639年），

魏征像

晚年的骄奢和反省

唐太宗读了魏征的《十渐疏》后，表示要"闻过能改，克终善事"，并把此疏写在屏风上面，"朝夕瞻仰"，同时抄付史馆，让史官载入史册。贞观十七年（643年），对于魏征的去世，唐太宗十分悲痛，他说："人以铜为镜，可以正衣冠；以古为镜，可以见兴替；以人为镜，可以知得失。魏征没，朕亡一镜矣！"魏征是贞观时期敢于直言纳谏的第一人，唐太宗这样深切地悼念魏征，说明他对于纳谏在政治生活中的重要性始终是有明确认知的。

贞观十八年（644年），唐太宗教导太子李治说："舟所以比人君，水所以比黎庶，水能载舟，亦能覆舟。"贞观后期，唐太宗在滥用民力方面却有所发展，

昭陵博物馆

强盛明君——唐太宗

唐德宗崇陵前的石柱

但他是以"水"不覆"舟"为前提的。
他清楚地认识到，隋炀帝"过役人力"
的历史教训是再深刻不过了。

　　唐太宗晚年也碰到太子废立的问
题，但唐太宗终究有其英明之处，他
在太子李承乾谋反败露后，于魏王李
泰、晋王李治二人的抉择中，最后选
择了晋王李治，并立下了一条原则："自
今太子失道，藩王窥伺者，皆两弃之，

万年的骄奢和反省

传诸子孙，永为后法。"在他看来，太子失道固不可取；然而诸王谋取皇位继承权的做法，也是不可取的。他的这一决定，避免了最高统治集团可能出现的分裂以致倾轧，反映了他在政治上的谨慎和远见。

　　唐太宗的晚年是在许许多多的矛盾中度过的。他对各种事情的处理，有不少的失误和错误，但总的来说，仍然保持着一代英主的风度。贞观二十二年(648年)正月，唐太宗作《帝范》十二篇赐给太子李治。他对李治说："个人修养和治理国家，都写在这本书里了。"不过，他并不认为自己是值得后人效法的帝王，为了真正使他的继承人受到教育，唐太宗收起了君父的

《帝敬局部》局部

强盛明君——唐太宗

威严，在儿子面前对自己的一生作了总结和反省，他对李治说："你应当从历史上寻找古代贤哲的帝王作为榜样，像我这样是不足以效法的。我即位以来，做了许多错事：锦绣珠玉不绝于前，宫室台榭屡有兴作，犬马鹰隼无远不致，行游四方，劳民伤财。这都是我的大错，你不要以为这些都是正确的，更不要跟着去做。"唐太宗的这一番剖白，其言甚重，其情至深，反映了他晚年能够自省的可贵精神。这种精神，在封建君主中是极少见的。

昭陵华表

贞观十六年（642年），年仅45岁的唐太宗已经过早地衰老了，他毫不隐讳地对臣下们说："朕年将五十，已觉衰怠。"此后，太子谋反，魏王被废黜，辅国大臣相继谢世，使得唐太宗在精神上受到一次次严重的刺激，这无疑加速了他的"衰怠"。贞观十九年（645年）辽东之役的归途中，他患上了疽疮，直到次年二月，"疾未全平，欲专保养"，所以他让太子李治去处理"军国机务"。不幸的是，唐太宗这时开始服食金石之药了。他曾嘲笑秦皇、汉武相信方士的

万年的骄奢和反省

李治像

长寿之术，而他自己也落入其中。贞观二十一年（647年）三月，他患上了"风疾"。这时，他变得烦躁畏热，因而命人在骊山绝顶修建翠微宫。这大概跟他继续服用金石之药有关系。唐太宗一病半年多，虽于同年十一月"疾愈"，但体力大减，只能"三日一视朝"。贞观二十二年（648年），唐太宗又派人从中天竺访得方士那罗迩娑婆寐，因误食其"延年之药"而使得病情急剧恶化。

贞观二十三年（649年）三月，唐太宗带着沉重的病体，十分勉强地来到

唐太宗昭陵牌坊

强盛明君——唐太宗

唐顺宗丰陵朱雀门华表残迹

显道门，宣布了他的最后一道敕令。

五月，大概是丹药毒性大发，唐太宗
腹泻不止，名医为之束手。弥留之
际，他向太子李治、长孙无忌、褚遂
良一一交待了后事。接着，他便永远
地告别了他统治了二十三年的大唐皇
朝。

万年的骄奢和反省

115

八、历史评价

唐太宗昭陵远景

唐太宗李世民在唐朝建立过程中出生入死，运筹帷幄，即位后，统一中国，抗击外来侵略，同时执行夷汉一家的政策，使唐朝成为历史上民族关系最为良好的时期，在促进民族团结和融合中作出了巨大的贡献，是一位伟大的民族英雄。他在位二十三年，在位期间国泰民安，社会安定，经济发展繁荣，军事力量强大。后人称他在贞观年间的统治为"贞观之治"。他吸取隋

唐太宗昭陵石碑

唐太宗昭陵塑像

昭陵龙刻照壁

亡的教训，不独断专行，初步确立了三权分立、互相监督的政治管理制度。任用人才，虚怀纳谏。胸怀大局，采取四海一统的民族和外交政策。完善科举制度，大力兴办学校，重视教育活动，普及官吏选聘。倡导廉政、节俭、朴素，重视农田水利，为封建经济登顶奠定了坚实的基础。唐太宗李世民不愧为我国历史上一位伟大的政治家、军事家、战略家、文学家、书法家，是卓越的领袖以及影响中华乃至世界进程的杰出人物，他为中华民族作出了杰出贡献，留下了辉耀千古的丰功伟业及精神财富，因此受到人们的崇敬。